familienNatur

Zurück zu den Wurzeln des Mutterseins

FSC
www.fsc.org
MIX
Papier aus verantwortungsvollen Quellen
Paper from responsible sources
FSC® C105338

Impressum

https://natuerlichundgeborgen.com
Fotos: Pixabay.de

Herstellung und Verlag: BoD – Books on Demand, Norderstedt

Die Deutsche Nationalbibliothek verzeichnet diese Publikation in der Deutschen Nationalbibliografie; detaillierte bibliografische Daten sind im Internet über http://dnb.d-nb.de abrufbar.

ISBN 9783749428656
1. Auflage

Nathalie Albat

familienNatur

Zurück zu den Wurzeln des Mutterseins

Inhaltsverzeichnis

Danksagung

Dieses Buch widme ich meinen Kindern , die mich zu dem Menschen geformt haben, der ich heute bin. Ohne sie wäre meine Lebensauffassung eine völlig andere und mein Leben viel zu öde. Ein Leben mit hochsensiblen Kindern hält so manche Überraschungen und Kompromisse bereit und ich möchte sie auf keinen Fall missen.

Ebenso danke ich meinem Mann, der es nicht immer leicht mit uns hat und mich zu hundert Prozent unterstützt.

In tiefer Dankbarkeit.

Vorwort

Es gab eine Zeit, in der das Muttersein als die Wichtigste und Bedeutendste Aufgabe galt, denn sie sorgte für das Heranwachsen der Kinder und sicherte ihr überleben. Die Bindung von Mutter und Kind ist essenziell von großer Bedeutung, sie prägt die Beziehung des Kindes zu anderen Menschen ein Leben lang. Im Zuge des Feminismus verlor das Muttersein an Ansehen und wurde förmlich boykottiert. Das eine Frau sich „nur" um die Kinder kümmert, geriet in den Hintergrund. Eine Frau habe schließlich auch andere Interesse außerhalb der häuslichen Umgebung und das Recht selbst berufstätig zu sein. Dies ist von mir keine Anklage für berufstätige Mütter.

Jeder Mensch hat das Recht auf freie Entfaltung, wie wäre es aber, wenn der Beruf Mutter wieder genug Anerkennung und Beachtung finden würde. Das System in dem wir heute leben, verlangt Müttern und Familien viel ab. Ich bin mir sicher, dass die meisten Eltern das Beste für ihre Kinder wünschen.
Ich habe einen langen und intensiven Entwicklungsprozess hinter mir und sehe viele Dinge, die ich früher begrüßt habe anders.

Es ist ein Weg und ich hoffe vielen Müttern damit aus der Seele zu sprechen und zu ermutigen, eigene Lö-

sungen zu entwickeln.
Es gibt mittlerweile viele Ratgeber, die sich mit bedürfnisorientiert und Attechment Parenting beschäftigen.
Das bedürfnisorientierte und minimalistische Leben stößt bei Außenstehenden oft auf Unverständnis und Kritik.

Häufige Aussagen sind als Beispiel „das Kind braucht Regeln", „ihr verwöhnt es zu sehr, so wird es nie selbstständig", „es ist nicht hochsensibel, sondern einfach zu weich".

Diese Liste kann man unendlich fortsetzen.
Gerade diejenigen, die zum ersten Mal Eltern werden, hören sich die lieb gemeinten Ratschläge von Eltern, Schwiegereltern und Verwandten an und sind meist bereits vor der Geburt verunsichert.
Ist das Kind geboren, fällt es vielen Eltern schwer auf ihr Bauchgefühl zu hören und haben Angst „keine guten Eltern zu sein".

Wir leben in einer Zeit, in der oft darauf geachtet wird, was andere Menschen über uns denken und wir uns somit selbst unnötig unter Druck setzen.
Der Mensch ist ein Gewohnheitsmensch und alles was nicht der Masse entspricht wird erst einmal schief beäugt.

Menschen die „anders" leben, sind die Alternativen, Hippies oder Eltern, die ihre Kinder nicht unter Kontrolle haben und sich auf der Nase herumtanzen lassen.

In diesem Zeitalter entgegen den Strom zu schwimmen, erfordert viel Mut. Zurück zur Natürlichkeit, zum Minimalismus und zur Freiheit für unsere Kinder. Alles ist ein Prozess, der nicht von einem Tag auf dem anderen vollzogen ist.

Dieses Buch informiert über die Rückkehr zur Natur, die bedürfnisorientierten Elternschaft, das Leben mit hochsensiblen Kindern und das Minimalismus eine große Bereicherung sein kann.

Keinesfalls ruft das Buch zum Dogmatismus aus. Jeder Mensch und jede Familie ist anders, über den eigenen Tellerrand zu schauen und die Lebensauffassung anderer zu akzeptieren , trägt zum friedlichen Miteinander aller Menschen bei.

Nathalie Albat

Kapitel 1

Meine eigene Kindheit und Jugend

Meine eigene Kindheit und Jugend

Geboren im Jahre 1984 wuchs ich bis zur Wiedervereinigung Deutschlands in der DDR auf. Obwohl ich in meinen ersten sechs Lebensjahren in der DDR gelebt habe, konnte ich mich dank meinen Eltern relativ frei entfalten. Entgegen der üblichen Abgabe der Kinder in Krippen, hatte ich das Privileg 3 Jahre zu Hause bei meinen Eltern und meinem älteren Bruder zu bleiben. Meiner Mutter war es wichtig und sie ließ sich von Vorurteilen nicht beirren. Ebenso wuchs ich sehr bedürfnisorientiert auf, wurde lange gestillt und schlief mit im elterlichen Bett.

Mit 3 Jahren blieb auch mir der Kindergarten nicht erspart. Laut Erzählungen und meiner eigenen Wahrnehmung, war es für mich nicht das Non plus Ultra.

Mein Bruder wurde in seinen Schulferien angehalten mich in den Kindergarten zu bringen, der Versuch endete meist in unzähligen Tränen, worauf mein Bruder mich wieder mit nach Hause nahm. Den Schreck ihres Lebens bekam meine Mutter, als ich (4 Jahre) plötzlich vor der Haustür stand und keines der Erzieher bemerkt hatte, dass ich den Kindergarten allein verlassen habe. Der Weg vom Kindergarten zur elterlichen Wohnung, führte über 2 Verkehrsstraßen. Übrigens war der Grund für meine Flucht der, dass ich keinen Reifen

zum spielen bekommen habe und aus Frustration weg gelaufen bin. Es hat niemand bemerkt.
Wir verbrachten als Familie viel Zeit an der Ostsee und ich kann sagen eine überwiegend glückliche Kindheit verbracht zu haben.

Meine Eltern trennten sich in meiner frühen Kindheit. Der Kontakt zu meinen leiblichen Vater wurde mit den Jahren immer weniger, sicher liebt er uns noch genauso, nur geht das Ego meist einen anderen Weg. Nach mehreren Umzügen verblieb ich im Bundesland Brandenburg, absolvierte mein Abitur und schloss meine Ausbildung ab. Im 3. Lehrjahr wurde ich schwanger und ab da änderte sich meine komplette Sichtweise. Jahre davor schwor ich noch, nie Kinder zu bekommen und für meine Kariere zu leben,ohne Rücksicht auf andere Akteure in meinem Leben.

Die Geburt meines ersten Sohnes und die Geburten meiner beiden anderen Kinder haben mich komplett umgekrempelt.

Beruf Mutter – die Erfüllung?

Unvorstellbar war für mich die Tatsache „nur" Mutter zu sein und die Kinder in ihren ersten Lebensjahren allein zu begleiten.

Meine beiden Söhne kamen um die Fremdbetreuung nicht drum herum. Mein Erstgeborener mit Beginn seines 3. Lebensjahres und mein 2. Sohn leider bereits mit seinem 1. Lebensjahr. Könnte ich diese Entscheidung noch mal treffen, würde eine Fremdbetreuung für uns nicht mehr in Frage kommen. Ob sie es mir später vorhalten werden, weiß ich nicht. Ich unterlag damals dem gesellschaftlichen Druck, dass Kinder in den Kindergarten gehören, sonst mutieren sie zu Einsiedlerkrebsen. Des Weiteren reichte das Geld eines Verdienenden nicht aus.

Meine Söhne waren „pflegeleichte" Kindergartenkinder, ein kurzes Weinen zum Abschied, was als normal abgetan wurde.

Mein älterer Sohn wurde eingeschult und mein 2. Sohn verweigerte zunehmend den Gang in den Kindergarten. Es endete jeden Tag in Tränen, er klammerte sich an mir fest und ich war unter Zeitdruck, musste ich doch pünktlich im Büro sein. Ich weiß nicht wann es bei mir im Oberstübchen endlich Klick gemacht hat, ich meldete in Wochenlang im Kindergarten ab , bis ich schließlich seiner Bitte nachkam und ihn mit 4 ½ Jahren komplett abmeldete. Warum mache ich uns jeden früh so einen Stress, es muss auch anders gehen.

In dieser Zeit war ich mit meiner Tochter schwanger und warf meinen Job hin. Es war weder Erfüllung, noch den Stress für mich und meine Kinder wert. Ab da war das Leben so entspannt, es fielen riesige Felsbrocken von meinem Herzen.
Das ein Leben ohne Fremdbetreuung heute regelrecht negativ besetzt ist, zeigt deutlich wie die Gesellschaft und das System tickt. Ich erlebte auch viel Unverständnis, welche durch meine tiefe Überzeugung an mir abprallten.

Es ist keine Verurteilung für Eltern, die ihre Kinder fremd betreuen, die Arbeitswelt lässt vielen keine andere Wahl, Alleinerziehende haben es ebenfalls sehr schwer, viele möchten die Fremdbetreuung ihrer Kinder nicht, nur sie haben keine Wahl.
Zum Glück hatte ich die Wahl, die Wahl die Zeit mit meinen Kindern zu verbringen und sie zu begleiten. Sicher kann es mit 3 Kindern an manchen Tagen ziemlich stressig sein, ich habe mich bewusst dafür entschieden und hey ab dem 3. Kind würden auch 5 weitere Kinder nicht mehr auffallen.

Respekt und sogar Mitleid erfährt man als Mehrkindfamilie von Außen. Mitleid brauche ich nicht und das äußere ich deutlich.

Wie kann es sein, dass sich Mütter in der Mutterrolle

nicht erfüllt sehen. Ist es erfüllender hinter der Wursttheke zu stehen, als die Zeit mit seinen Kindern auf den Spielplatz zu verbringen oder liegt es an den Standards,die uns indoktriniert werden ,dass es zum Glücklichsein ein eigenes Haus und den jährlichen Urlaub braucht. Wohl kaum werden die Kinder später zu ihren Eltern sagen, danke das wir all die materiellen Güter haben und nein wir hätten nicht lieber mit euch die Zeit verbracht.

Eine Gesellschaft, in der Frauen die Anerkennung bekommen, wenn sie fremde Kinder betreuen und diskriminiert werden, wenn sie ihre eigenen Kinder betreuen.

Aus diesen Hamsterrad auszusteigen heißt Mut, ich war auch darin gefangen, bis es nicht mehr ging und ich eine Lösung finden musste.

Es braucht ein dickes Fell und gutgemeinte Ratschläge wie „das Kind lernt nur im Kindergarten Sozialverhalten" „Wann geht es endlich in den Kindergarten?", an sich abprallen zu lassen.

Einige Pädagoge gehen soweit zu sagen, die Eltern sind nicht im Stande ihre Kinder aufzuziehen, da sie sie zu sehr lieben und ihre Fehler nicht sehen. Das zeigt ganz deutlich, wie manipuliert wir werden.

Das Muttersein ist ein 24 Stunden Job, auch ohne Pausen. Solch eine Arbeitsstelle wäre für den Arbeitgeber unbezahlbar.
Ich spreche bestimmt für viele Mütter, dass wir nicht ständig bejubelt werden wollen, ein bisschen mehr Anerkennung für das was jede Mutter leistet wäre ausreichend.

Die bedürfnisorientierte Familie

Seit einigen Jahren hört man vermehrt den Begriff Bedürfnisorientierte Elternschaft.
Vielen fragen sich,um was es sich dabei handelt.
Bedürfnisorientiert heißt nichts anderes als Beziehung statt Erziehung.

Eltern und Kinder begegnen sich auf gleicher Augenhöhe. Es gilt das Prinzip der Gleichberechtigung.
Ich höre die vielen „Aber" und kann beruhigen, es ist ein Prozess der Umorientierung, konditioniert sind wir darauf, dass Kinder Grenzen brauchen, wir sind die Erwachsenen und haben das Sagen.
Von dieser Einstellung gilt es Abstand zu nehmen und auf das gute alte Bauchgefühl zu hören, welches uns meist den richtigen Weg aufzeigt.
Was Kinder brauchen ist Liebe, Wärme, Geborgenheit und Sicherheit.

Die Ammenmärchen, die sich so hartnäckig halten, sind ein Überbleibsel aus dem 3. Reich. In dieser Zeit wollte man Soldaten, die Befehle ausführen und dem Land dienen. Eine starke Bindung zu den Eltern war da wenig hilfreich, so dass propagiert wurde, das Kind auf keinen Fall zu verwöhnen, es weinen zu lassen und wenig Körperkontakt zu schenken.

Der Mensch ist ein soziales Wesen und braucht Kontakt zu anderen Menschen.
Erhält ein Baby bereits soviel Körperkontakt den es braucht, wird es sich später zu einem selbstbewussten und liebevollen Menschen entwickeln.

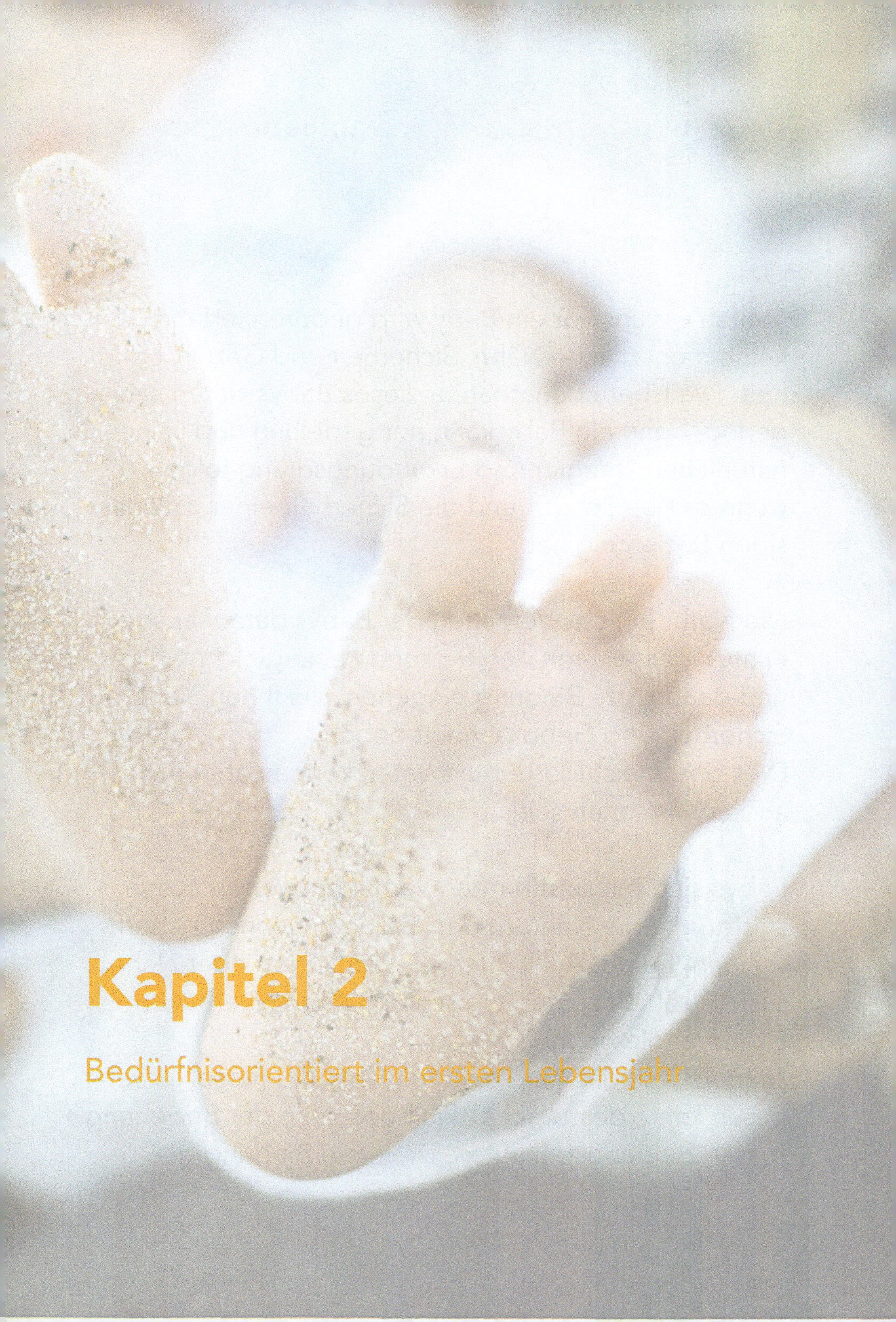

Kapitel 2

Bedürfnisorientiert im ersten Lebensjahr

2.1 Bindung

Stellen wir uns vor ein Baby wird geboren, erfährt keine menschliche Nähe, Sicherheit und Geborgenheit. Die Überlebenschance dieses Babys wären sehr gering, denn ein Baby kann nur gedeihen und seiner natürlichen Neugier und Erkundungsdrang folgen, wenn es den Schutz und die Sicherheit einer zuverlässigen Beziehung hat.

Die Natur hat das Verhalten der Babys darauf ausgerichtet, dass sie mit den Personen eine gleichmäßige und dauerhafte Bindung eingehen, die ihnen Nähe, Sicherheit und Geborgenheit geben.
Dies sind meist Mutter und Vater, können aber auch andere Personen sein.

Babys sind mit bestimmten Verhaltensweisen ausgestattet, die die Nähe zu den Bezugspersonen sichern. Weinen, Rufen, Anklammern, Nachfolgen oder Nähe suchen zählen zu den typischen Bindungsverhalten. Eltern reagieren meist instinktiv.
Je mehr sich das Kind auf die Nähe und Fürsorge verlassen kann, desto sicher fühlt es sich in der Beziehung zu den Bindungspersonen. Die erste Bindung ge-

schieht in den ersten Stunden nach der Geburt und ist für Mutter und Kind sehr wichtig.
Bindung verfestigt sich durch den täglichen Umgang, Körpernähe und Stillen spielen dabei eine wichtige Rolle.
In den ersten Monaten lässt sich das Baby neben den Bezugspersonen auch von „Fremden" tragen, wickeln und füttern, denn das sichert sein Überleben.

Im 4.-5. Lebensmonat beginnt die Fremdelphase, nähern sich Fremde oder schauen lange das Kind an, beginnt es zu weinen und klammert sich an der Bezugsperson fest.

Wichtig zu wissen, fremdeln hat die Natur nicht ohne Hintergedanken eingerichtet, demnach ist es nicht ratsam, den Kindern das Fremdeln „abzugewöhnen". Mit Beginn des Krabbelalters können sie nun auch in falsche Hände geraten, fremdeln ist demnach eine Schutzfunktion.

2.2 Der Mythos vom Verwöhnen

Wie oft hören wir von Außenstehenden man verwöhne sein Kind nur und ziehe sich einen Tyrannen heran.
Ein zu viel an Bindung gibt es nicht und ein verwöhnen ist schier unmöglich.

Gerade Babys brauchen uns, Tag und Nacht.

In den ersten 3 Lebensjahren brauchen Kinder die Regulation von Außen in Form von trösten, umarmen, auf den Arm hochnehmen, sie können sich nicht selbst beruhigen.

Dem Gehirn kann hierfür die „Schuld" zugetragen werden, die Hirnreife des Kindes lässt keine Selbstregulierung zu. Genauso sieht es beim manipulieren aus, erst mit Eintritt in die Schule können Kinder bewusst „manipulieren".

2.3 Tragen

Der Mensch ist eine physiologische Frühgeburt, er wird unreif geboren.
Was liegt da näher, als das Baby an sich zu tragen.
Die Naturvölker und auch unsere Vorfahren dienen als gutes Beispiel. Seit Menschheit an werden die Babys getragen, dazu dienten früher Felle, Tücher oder auch Weidekörbe.
Jedes Baby was in unser heutigen Zeit geboren wird, ist auf Steinzeit gepolt.
Das Tragen wirkt sich günstig auf Hüftreifung aus und unsere Wirbelsäule ist für den aufrechten Transport gedacht.

Die Auswahl an passenden Tücher und Tragehilfen ist immens und es ist eine erhebliche Entlastung für Mama und Papa.
Beim Tragen ist es wichtig, dass das Kind im 1. Lebensjahr die physiologisch richtige Anhock-Spreiz-Stellung einnimmt und die Atmungsorgane stets frei liegen , es gibt keine Zeit-und Altersbegrenzung zum Tragen.

Wichtig ist das es Tragling und Tragenden dabei gut geht.
Gerade für den Tragepapa bedeutet es eine tiefe Bindung zu seinem Kind.

Kinder die unter Koliken leiden, erleben durch das Tragen eine enorme Erleichterung.

Die Inanspruchnahme einer Trageberatung ist vor allem für Erstlingseltern eine große Bereicherung.

2.4 Stillen

Das Neugeborene braucht nur 3 Dinge : Wärme in den Armen der Mutter, Nahrung aus ihrer Brust und Geborgenheit durch die Sicherheit ihrer Nähe. All dies bekommt es durch das Stillen.

Dr. Grantly Dick-Read

Das Stillen stärkt nicht nur die Bindung zwischen Mutter und Kind, Muttermilch passt sich auch den Bedürfnissen des Kindes an. Die Zusammensetzung der Muttermilch ist einzigartig und kann nicht künstlich nachgeahmt werden.

Die Muttermilch kleidet den unreifen Darm aus und schützt vor Erkrankungen. Ebenso wirkt es präventiv und reduziert SIDS (sudden infant death syndrom) um die Hälfte.

Im ersten Lebensjahr ist Muttermilch das Wasser des Babys und Hauptnahrungsmittel.

Die Nachfrage regelt das Angebot. Zu Beginn findet eine Überproduktion statt, die sich im 4. Lebensmonat einpendelt. In der Zeit werden die Brüste wieder weich, das heißt nicht das die Milch ausgeht. Vielmehr sind Mutter und Kind jetzt ein eingespieltes Team.

Kinder senden bereits frühe Hungerzeichen, dazu zählen das ballen der Händchen zu Fäustchen, Schmatzgeräusche, hin und her drehen des Kopfes, unruhiges Verhalten und das saugen an Daumen oder Kissen. Werden diese Anzeichen nicht erwidert, ist das Schreien und Weinen die letzte Möglichkeit.

Es gibt viele Mythen rund um das Stillen, leider werden diese jungen Müttern heute immer noch erzählt und diese sind gerade, wenn es das 1. Kind ist, verunsichert.
Eins davon ist, nur alle 4 Stunden zu stillen, dabei ist es wichtig das Kind zu jeder Zeit anzulegen und die Uhr zu verbannen.

Im Mutterleib wird das Kind 24 Stunden rundum versorgt, es kennt demnach keinerlei Hungergefühl.
Kaum ist es geboren „soll" es wissen, dass es nur alle 4 Stunden Nahrung bekommt.
Da es noch kein ausgeprägtes Zeitgefühl hat, löst das Hungergefühl eine fürchterliche Angst in ihm aus.
Ein weiterer Mythos ist das Verwöhnen durch stillen.
Ein Kind kann man nicht verwöhnen und schon gar nicht durch das Stillen, es stärkt die Bindung zwischen Mutter und Kind.

Wird die Brust nach 3-4 Monaten wieder weich heißt es die Milch sei nun alle und das Baby bräuchte Beikost. Der Grund ist allerdings, dass Mutter und Kind nun ein eingespieltes Team sind und sich die Milchproduktion eingependelt hat.

Treten vorübergehende Stillschwierigkeiten auf, ist dies kein Grund zum abstillen. Manchmal ist es einzig und allein die falsche Anlegetechnik. Jede Mutter hat die Möglichkeit sich Rat bei einer Stillberaterin zu holen, die sie bei Stillschwierigkeiten unterstützt. Im Internet findet man in seiner Umgebung die passende Ansprechpartnerin.

2.5 Schlafen

Das Thema Schlafen und Durchschlafen beschäftigt die meisten Eltern und die die es noch werden. Wenn man sich mit dem Thema und explizit mit den Schlafphasen auseinandersetzt, ist die Erkenntnis, dass unser Schlafverhalten nicht durch „Schlafprogramme" verändert werden kann und sollte.

Babys schlafen anders als Erwachsene und die Natur hat sich etwas dabei gedacht.

In den ersten Monaten schlafen die meistens Babys 14-18 Stunden täglich.

Die meisten schlafen selten mehr als 3-4 Stunden, ohne für eine Mahlzeit aufzuwachen.

Wenn die Kinder älter werden, erreichen sie eine gewisse Schlafreife. Das Zahnen, Erkältungen, Trennungen und Angst haben Einfluss auf den Schlaf.

Würden Babys genauso wie Erwachsene schlafen, wären sie zu lange im Tiefschlaf und ihr Überleben in Gefahr.
Das Alarmsystem des nächtlichen Wachwerdens ist evolutionsbedingt.
Fühlen wir uns sicher schlafen wir wieder ein und können uns am nächsten Tag nicht mehr daran erinnern. Das ist auch der Grund, warum wir es den Babys übel nehmen.

Das häufige Erwachen ist ein Zeichen dafür, dass sich die Reife des Gehirns optimal entwickelt.

Gründe, warum ein Kind nicht einschlafen kann, sind die selben wie bei uns Erwachsenen, dazu zählen Hunger, Durst,der Magen ist zu überfüllt, Angst, falsche Umgebungstemperatur oder man es ist noch nicht müde.

Babys brauchen nichts außer einen Schlafsack und wenn nötig einen Schnuller.
Sie dürfen auf jeden Fall mit in das Elternbett oder im Beistellbett daneben.
Es gibt viele Studien rund um den plötzlichen Kindstod (SIDS) und doch kann niemand genau erklären was wirklich geschieht, wenn ein Kind im Schlaf unerwartet stirbt.
Es ist die häufigste Todesursache bei Kindern im Alter

zwischen einem und sechs Monaten.
Ein möglicher Grund, ist die nicht mehr automatisch kontrollierte Atmung.
Normalerweise haben Kinder einen Schutzmechanismus, der sie erwachen lässt, wenn eine bedrohliche Apnoe eintritt. Aus unbekannten Gründen haben SIDS-Opfer diese Fähigkeit nicht.

Stillen schützt Babys vor Infektionen der Atemwege und des Magen-Darm-Trakts, welche das SIDS Risiko vergrößern. Gestillte Babys schlafen weniger tief als künstlich ernährte und tun dies häufiger bei der Mutter. SIDS tritt auch bei gestillten Babys auf, senkt aber das Risiko.

Es ist gegen die Natur, wenn Babys durchschlafen. Das Menschenkind ist so gemacht, dass es tagsüber getragen wird und Nachts bei seiner Mutter schläft (Dr. William Sears)

Die unzählige Bücher über Schlafprogramme sind für viele verzweifelte und übermüdete Eltern der augenscheinliche „Rettungsanker".
Ein Kind muss nicht schlafen lernen.
Das Schlafverhalten wird zur Krankheit erklärt und es wird versucht unerwünschtes Verhalten „ab zu trainieren". Wer mit Schlafprogrammen versucht sein Kind zu trainieren, kämpft gegen die Natur und dabei gibt es

nur Verlierer.
Ein resignieren des Kindes zeigt nicht den Erfolg, sondern das es gelernt hat nicht gehört zu werden. Was das Kind verspürt ist Todesangst, nicht nur seelisch sondern auch Körperlich.

2.6 Beikost

Der Name sagt es bereits, es heißt Bei-Kost.
Die Einführung der Beikost ist kein Ende der Stillzeit oder der Gabe von Pre-Milch.

Das gemeinsame Ziel aller Eltern,dass Kind isst später was die Erwachsenen essen.

Es hat Freude am essen und vor allem an gesunden Lebensmitteln wie Obst und Gemüse.
Das menschliche Gebiss ist dafür ausgelegt, feste Nahrung zu zermahlen und nicht nur Nahrung aufzunehmen, die aus Schlucken besteht.

Wann mit der Einführung der Beikost begonnen wird, hängt nicht vom Alter des Kindes ab, sondern wenn das Kind die Beikostreifezeichen zeigt.

Mit Beikost zu beginnen, heißt nicht Abstillen, denn die kleinen Häppchen ersetzen keine ganze Mahlzeit.

Der Zungenstreckreflex, der Babys von Mutter Natur mitgegeben wird, sorgt dafür, dass die feste Nahrung umgehend wieder aus dem Mund befördert wird. Somit wird die Aufnahme von zu viel fester Nahrung verhindert.

Mit welchem Lebensmittel begonnen wird,ist völlig egal, wichtig ist das es im Originalzustand angeboten wird.
BLW ist die Abkürzung für Baby led weaning. Ein altes Konzept, dass von der englischen Krankenschwester Gill Rapley wiederentdeckt wurde.
Das Baby übernimmt den aktiven Part und entscheidet selbst über das Abstillen und wann es feste Nahrung zu sich nehmen möchte.
Eine Win Win Situation für Eltern und Kind.
Neben der finanziellen Entlastung und die Zeitersparnis für das Brei kochen, isst das Kind nicht vor oder nach den anderen Familienmitgliedern, sondern mit am Familientisch.

Die Eltern können ihr Essen warm genießen, da das Kind nicht belöffelt wird.
Der Mensch hat Zähne und die möchte was zu tun haben, ständig durch püriertes Essen, sieht erstens nicht appetitlich aus und das Kind kann nur noch erahnen, um welche Lebensmittel es sich handelt.

Ein Kind ist sehr kompetent und weiß wann es satt ist, kann es selbst entscheiden, besteht keine Gefahr der Überfütterung.
Wann ein Kind Interesse an fester Nahrung hat,zeigen bestimmte Reifezeichen.

Sitzt das Baby mit Unterstützung frei, kann es Gegenstände greifen und zum Mund führen, ist der Zungenstreckreflex abgeschwächt und zeigt es zunehmendes Interesse an Nahrung, spricht nichts über das reichen von kleinen Häppchen.

Essen bitte nicht im liegen anbieten oder das Kind allein beim Essen lassen. Werden bestimmte Lebensmittel nicht gern angenommen, versucht man es nach einer bestimmten Zeit noch mal. Wir essen auch nicht alles, dies gilt auch für Kinder.

Für die ordnungsliebenden Eltern grenzt es an einer Zerreißprobe, wenn das Kind mit Essen spielt, matscht, es auf den Boden fällt.
Ich kann bestätigen, es wird besser und das Kind profitiert ungemein davon.

Viele Eltern befürchten ein verschlucken oder ersticken, Brei ist dabei nicht die sichere Methode, da es den Würgreflex umgeht.

Das Baby lernt zuerst das Greifen, danach das Kauen und erst wenn es das alles beherrscht, kann es Bissen in den hinteren Mundraum befördern, der Natur sei gedankt.
Das trinken aus einem normalen Becher, bedeutet Übung, erspart dem Kind die Umgewöhnung und den Eltern teure Anschaffungen.

Möchte ein Kind nicht essen, gibt es laut Dr. Carlos Gonzales (Mein Kind will nicht essen) vier Gründe

- *es ist satt*
- *es ist krank*
- *es ist nicht genug Essen da*
- *es ist noch nicht beikostreif*

Die aller wichtigste Regel, ein Kind darf niemals zum Essen gezwungen werden.

2.7 Kommunikation

Man kann nicht nicht kommunizieren.
Weinen ist Kommunikation.
(Watzlawick,1996)

Baby kommunizieren, indem sie ihren Bezugspersonen ihre Befindlichkeiten durch Weinen oder Lachen mit-

teilen. Eltern reagieren instinktiv und sind in der Lage das Verhalten der Kinder richtig zu deuten. Um eine Bindung aufzubauen, bedarf es dem zuhören,sprechen und eingehen auf die kindlichen Bedürfnisse.
Das Urvertrauen bildet das Fundament und ist wichtig für die Identitätsentwicklung und ein **„Gefühl des sich-verlassen-Dürfens“** (Erik H.Erikson,1973).

Kinder lernen , ihre Bedürfnisse, Wünsche und Meinungen durch Sprache mitzuteilen.
Sprache gibt ihnen Selbstsicherheit und formt die Persönlichkeit.

Schon Kinder empfinden Spaß am Spiel mit Sprache. Ein Leben ohne Sprache ist undenkbar. Um zwischenmenschliche Beziehungen aufbauen und Informationen austauschen zu können, müssen Menschen auf ihre kommunikativen Fähigkeiten (verbale und nonverbale) zurückgreifen.

Jeder Mensch verfügt über eine angeborene Sprachfähigkeit. Auch Gehörlose erwerben eine vollständige Sprachform, die Gebärdensprache, die sich visueller Zeichen bedient und ebenso über grammatische Kategorien und Satzbauregeln verfügt.

Die Sprache hat unzählige Funktionen, z.B.Gefühle auszudrücken, Sinneswahrnehmungen mitzuteilen,

Weltwissen aneignen, Konflikte bewältigen, Autorität und Macht ausüben, Realitäten schaffen.
Jedes normal entwickelte Kind erschließt sich die Grundstrukturen seiner Erst-und frühen Zweitsprachen systematisch und zielstrebig (Tracy/Lemke, 2009).
Ab dem Alter von sechs Monaten produzieren Babys Lalllaute und Lallsilben. Mit zwölf Monaten die ersten Wörter und ab dem achtzehnten Lebensmonat Wortverbindungen.

Eltern können ihren Kindern, lange bevor sie anfangen zu sprechen, die Möglichkeit geben sich auszudrücken.

Die Kinder können sich ausdrücken und verfallen nicht in Frustration, weil die Eltern es nicht verstehen.
Durch das Gebärden mit Babys wird die normale Sprachentwicklung nicht gehemmt.

Jede Familie wählt die Gebärden, die zu ihrem Alltag passt, dabei sind zu Beginn sechs bis zwölf Gebärden ausreichend.
Es geht nicht darum eine komplette Sprache zu ersetzen, sondern wichtige Worte durch die Gebärde zu betonen.

Es gibt zu dem Thema Babygebärden zahlreiche Literatur und Kurse, in dem Gebärden gelernt werden.

2.8 Babyausstattung,was braucht mein Kind?

Bereits in der Schwangerschaft werden Eltern mit Listen überhäuft, auf denen unzählige Dinge anzuschaffen sind, weil es für das Baby unerlässlich ist.

Dies zeigt die Prägung auf Konsum und den Eltern wird schrittweise die Verantwortung genommen, selbst zu entscheiden was sinnvolle und nutzbare Anschaffungen sind.

Ein Baby interessiert es wohl kaum, wie viel Spielzeug es hat, denn es braucht keins.
Ein Baby braucht Wärme, Nähe, Bindungspersonen, die es versorgen.

Mit diesen „einfachen" Dingen ist es glücklich und zufrieden.

Es obliegt jeder Familie welche Ausstattung sie sich zu legt.

Aus meiner Erfahrung kann ich sagen, dass mit jedem weiteren Kind die Ausstattung immer mehr reduziert wird, da viele Dinge, die beim ersten Kind angeschafft wurden, beim dritten Kind als völlig unnötig empfunden werden.

Eine kleine Liste von Dingen, die beim Neugeborenen völlig ausreichend sind:

- Beistellbett, welches am elterlichen Bett ran gestellt wird
- Tragetuch,ergonomische Babytrage, eventuell Kinderwagen, eignet sich super als Einkaufswagen
- Autobabyschale, allerdings nur für den Transport im Auto, nicht als Schlafplatz
- Kleidung für die verschiedenen Jahreszeiten
- Stoffwindeln, Ökowindeln, bei Windelfrei entfällt dieser Punkt
- bei Flaschennahrung, Flaschen, Sauger
- natürliche Pflegemittel, Muttermilch kann vielseitig eingesetzt werden

2.9 Fazit

Wer sich neu mit dem „Thema" bedürfnisorientierte Elternschaft im ersten Lebensjahr beschäftigt,wird sich eventuell überfordert fühlen. Alles was ich aufgeführt habe, schlummert in jedem Elternteil, es braucht nur einen kleinen Anstupser. Es macht wenig Sinn sich selbst unter Druck zu setzten, um allen Anforderungen gerecht werden zu wollen.

Unser Bauchgefühl ist alles was wir brauchen.

Wir reagieren meist instinktiv und auch wir sind Menschen. Von sich selbst zu verlangen, immer ruhig zu bleiben oder nie wütend zu werden, ist schier unmöglich.

In bestimmten Situationen, die uns aus unserer Kindheit triggern können wir nicht ruhig bleiben. Ein ganz entscheidender Punkt ist, dies zu erkennen und z.B. den Raum zu verlassen, um Dampf abzulassen. Das Kind vorher sicher ins Bettchen oder Laufgitter legen. Draußen an der Luft fünf mal tief einatmen und die Frustration löst sich meist so schnell auf wie sie entstanden ist.

Mein Rückzugsort war der Keller und meine Familie wusste Bescheid, dass ich erst mal meine Ruhe brauche.

Bedürfnisorientierte Elternschaft heißt auch nicht, dass das Baby nie weinen darf und man gleich eine schlechte Mutter oder Vater ist. Es macht allerdings einen Unterschied, ob das Baby auf dem Arm der Eltern weint oder allein im dunklen Raum liegt und verzweifelt ist.

Leben mit High Need - Babys

Der Begriff High Need – Babys stammt von Dr. William Sears.
Er ist Professor für Kinderheilkunde in Florida und Vater von acht Kindern.
Um einen deutschen Begriff dafür zu nennen, trifft es „24 Stunden Baby", am besten.
Das Baby ist sehr fordernd, weint vermehrt, wacht ständig auf, wirkt fast „hyperaktiv", braucht sehr viel Körperkontakt und was am meisten an den Nerven der Eltern zerrt, es braucht kaum Schlaf.
Da ich das Glück hatte 3 High Need-Babys zu haben, weiß ich wovon ich schreibe. Ich kann ermutigend sagen, es wird bei jedem weiteren Kind einfacher.

Mein ältester Sohn schlief im ersten Lebensjahr maximal 2 Stunden Nachts und ich dementsprechend auch.
Am Tag sah es auch nicht besser aus, ich weiß nicht, wie er es mit so wenig Schlaf ausgehalten hat.
Ich hingegen war ein wandelnder Vulkan, der bei der geringsten Äußerung Außenstehender ständig kurz vorm explodieren war.

Meine beiden anderen Kinder schliefen im Vergleich besser, ich diente allerdings als Bett. Sie waren förmlich auf mir festgewachsen.

Am Tag trug oder schob ich sie pausenlos umher. Einige Tage liefen besser, die anderen schlechter. Obwohl es sehr an meinen Nerven zerrte, habe ich den Entschluss Kinder zu haben nie bereut.
Wer ein High Need-Baby hat, scheut sich bitte nicht davor, sich Unterstützung zu suchen, wenn er am Ende seiner Kräfte ist. Das hat nichts mit eigener Schwäche zu tun.

Für Schreibabys gibt es deutschlandweit Schreibabyambulanzen, an denen sich Eltern wenden können. High Need-Babys entwickeln sich meist auch zu High Need-Toddler und hochsensiblen Kindern, dazu mehr in einem anderen Kapitel.

Kapitel 3

Bedürfnisorientiert im Kleinkindalter

Bedürfnisorientiert im Kleinkindalter

Eine bedürfnisorientierte Beziehung mit seinem Kind, ist weit über das erste Lebensjahr hinaus wichtig. Das Fundament bildet auch hier die Bindung zu seinem Kind. Gerade mit Beginn der Autonomiephase stehen Eltern vor neuen Hürden, die viel Kraft und eine große Portion Humor bedarf.

Die Autonomie ist für Kinder von großer Bedeutung und sehr wichtig für die Selbstverwirklichung und das Selbstbewusstsein.

Für mich klingt der Begriff „Trotzen" sehr abfällig und zeigt die teilweise Verzweiflung vieler Eltern. Hirnforscher, wie z.b. Gerald Hüther, bestätigen, dass das unterschiedliche Verhalten der Kinder während der Automiephase mit der Gehirnentwicklung zusammenhängt.

Im Kleinkindalter werden bestimmte Wörter vom Gehirn als unwichtig aussortiert und vom Kind überhört. Bei Sätzen, „Kannst du bitte nicht.....", hört das Kind „Kannst du bitte .....", denn das Wort „Nicht" wird aussortiert. Demnach können Kinder überhaupt nicht nachvollziehen, warum sie für bestimmte Handlungen ausgeschimpft werden.

Eine Hilfe für Kind und Eltern ist es, die Sätze so umzustellen, dass das „Nicht" in der Mitteilung durch Umschreibung, die gewünschte Handlung hervorruft. Als Beispiel: „ Gehe bitte nicht an den Herd" - Der Herd ist heiß, du verbrennst dir deine Hand".
Grundsätzlich lehnen die Kinder während der Autonomiephase die Meinung der Eltern ab und möchten meist das Gegenteil.

Sie haben erkannt, dass sie ein selbstständiger Mensch sind und eine andere Meinung haben dürfen. Dies erfordert für viele Eltern gute Nerven, gerade in der Öffentlichkeit. Wer kennt sie nicht, die Blicke der Anderen, wenn sich das Kind schreiend auf den Boden im Supermarkt wirft oder sich auf den Gehweg setzt. Was am Besten hilft und die Nerven schont, ist sich nicht durch Andere verunsichern zu lassen,bei seinem Kind zu bleiben und zu signalisieren „ich bin bei dir".

Im ersten Lebensjahr ist es für viele Eltern erstrebenswert, dass ihre Kinder früh selbstständig werden, allein schlafen, allein essen oder sich allein beruhigen. Beginnt bei dem Kind die Autonomiephase ist es nicht mehr gewollt, das Kinder „allein machen", eigenständiges Verhalten ist unerwünscht.

Damit sich ein Kind selbst finden kann, ist die frühe

Bindung an die Eltern sehr wichtig. Erst wenn die besteht, kann sich das Kind „raus in die Welt „ trauen, da es weiß wieder in den sicheren Hafen zurück zu können.

Nachtschreck bei Kindern

Mitten in der Nacht fängt das Kind zu schreien an, sitzt im Bett oder schlägt um sich. Was zuerst wie ein Alptraum scheint, ist ein Nachtschreck. Dabei ist das Kind körperlich wach, das Bewusstsein schläft noch. Meist schauen die Kinder ihre Eltern an und sind trotzdem nicht ansprechbar. Eltern, die solche Reaktionen zuvor nicht kannten, sind hilflos. Bei Versuchen, das Kind auf den Arm zu nehmen, schlägt es noch mehr um sich und zappelt.

Gründe für einen Nachtschreck, können die Unreife des Gehirns sein, aber auch Erschöpfung und Übermüdung.

Lässt sich das Kind nicht auf den Arm nehmen, ist es wichtig dem Kind einen sicheren Rahmen zu geben, damit es sich nicht verletzten kann, in dem es z.b. aus dem Bett fällt.Ein Nachtschreck kann lediglich einmal auftreten oder auch vermehrt und gehört zum normalen Schlafverhalten.

Hochsensible Kinder neigen eher dazu.
Die Eltern brauchen sich keine großen Sorgen machen, denn ein Nachtschreck ist kein Anzeichen einer psychischen Störung.

Hochsensible Kleinkinder

Hilfe, mein Kind ist „anders". Dieses Gefühl beschleicht einige Eltern, wenn sie spüren, dass ihre Kinder nicht so einfach „zu händeln" sind, wie die der Freundin oder des Nachbars.
Bereits im Säuglingsalter kann z.B die familiäre Nachtruhe sehr in Mitleidenschaft gezogen werden.

Im Kindergartenalltag sind hochsensible Kinder dauernder Reizüberflutung ausgesetzt, was ebenfalls zu heftigen körperlichen und seelischen Reaktionen führt.

Bei denen durch diese Reizüberflutung entstehenden extremen Reaktionen, fragen sich Eltern und Erzieher, ob es sich um eine AD(H)S – Diagnose handelt oder bei Rückzug auch um Autismus.
Dabei bedeutet Hochsensibilität eine besonders intensive Wahrnehmungsfähigkeit.
Hochsensible Kinder nehmen Reize aus der Umwelt stärker auf und sind schnell von den vielen Reizen „überflutet".

Wer dies bei seinem Kind erkennt, kann dementsprechend reagieren und sein Kind auf seinem Weg begleiten.

Hochsensibilität ist keine Krankheit.

Sind die Eltern selbst hochsensibel, können sie sich entsprechend in ihre Kinder hineinversetzen. Für nicht hochsensible Eltern hält das tägliche Leben oft Situationen bereit, die nur mit Geduld und Ausdauer krisensicher zu bewältigen sind.

Besonders in stressigen und hektischen Situationen reagieren hochsensible Kinder mit Angst und hohem Stresspegel. Wird von dem Kind erwartet, dass es sich schnell anziehen oder schnell aufräumen soll, endet dieses häufig in Weinen und Verzweiflung.
Ebenso ist es möglich, dass das Kind dennoch alles in seinem eigenen Tempo erledigt, was vielleicht gerade nicht in den Zeitplan der Eltern passt.

Es hilft drei mal tief in den Bauch hinein zu atmen und die Situation so anzunehmen wie sie ist. Das erspart dem Kind und den Eltern viele Tränen.

Gerade in unserer schnelllebigen und auf die Uhrzeit fixierten Zeit, können wir von unseren Kindern lernen.

Spielzeugfreies Kinderzimmer

Ein Zimmer ohne Spielzeug?

Wer kennt es nicht, man möchte im Drogeriemarkt ein Shampoo kaufen und steht vor dem riesengroßen Regal, indem 30 verschiedene Shampoofirmen bzw. Sorten eingeordnet stehen. Ich bin damit meist sehr überfordert und kann mich schwer entscheiden. Was uns als Erwachsene schon schwer fällt, ist für Kleinkinder eine noch größere Hürde.

Die Werbung suggeriert uns, dass bereits Babys diese ganze Ausstattung benötigen, um zufrieden und glücklich zu sein.

Sitzt ein Kind nun in seinem vom Spielzeug völlig überfüllten Zimmer, wird es meist nicht spielen. Eltern stehen vor einem Rätsel und die Lösung ist einfach - das Kind ist reizüberflutet, es fühlt sich wie wir vor dem Shampooregal. Zuviel Spielzeug reduziert das natürliche Spielverhalten des Kindes.

Ein Spielzeugfreies Kinderzimmer heißt nicht, dass das Kind im leeren Raum sitzt, sondern das es 3-4 verschiedene Spielsachen zur Verfügung hat und sich so besser beschäftigen kann.

Noch besser eignen sich Naturmaterialien, die die Fantasie anregen und die es draußen beim gemeinsamen Spaziergang zu finden gibt.

Vorteile dabei sind, dass sie nichts kosten und das Kind seine eigenen Spiele entwickelt, als sich an vorgegebene Spielanleitungen zu halten.

Die Eltern fangen nun bitte nicht an, dass Zimmer ihrer Kinder leerzuräumen, sondern beziehen ihre Kinder mit ein.

Kapitel 4

Kindergartenfreie Kindheit

Kindergartenfreie Kindheit

Sich bewusst dafür zu entscheiden, sein Kind zu Hause und nicht fremd betreuen zu lassen, erfordert in unseren heutigen gesellschaftlichen Strukturen Mut. Es erscheint, als gehöre es zum guten Ton, sein Kind möglichst früh in Kindertageseinrichtungen zu geben. Die Allgemeinheit sieht den Besuch des Kindergarten als unabdingbar, lernt das Kind in der Einrichtung Sozialverhalten.

Das Sozialverhalten ist bei allen Menschen angeboren, dass haben verschiedene Tests bewiesen.

Ebenso ist es schwer in homogenen Gruppen Sozialverhalten zu erlernen, vielmehr geht es bei Gleichaltrigen um das Konkurrenzverhalten.
Sozialverhalten passiert ganz nebenbei, z.B. wenn Menschen verschiedenen Altersklassen zusammen sind.

An dem Ausspruch „Für die Erziehung eines Kindes braucht es ein ganzes Dorf" ist viel Wahres zu finden. Sicher ist es für Kinder wichtig, Spielkameraden zu haben, dies braucht nicht im Rahmen des Kindergartens zu sein. Leider sieht man heute kaum noch Kinder in „freier Wildbahn". Die Spielplätze sind wie leergefegt. Besucht man am Vormittag einen Spielplatz,hat man ihn komplett für sich und erntet erstaunte Gesichter. Wünschenswert ist ein gegenseitiges respektieren und das Vorurteile aus der Welt geschafft werden können. Familien die aus Überzeugung kindergartenfrei leben, sind nicht alle von Sozialhilfe abhängig oder zu faul zum arbeiten. Vielmehr überlassen sie ungern dem Staat die Erziehung ihrer Kinder.

In Zeiten vom Internet, gibt es genug Verdienstmöglichkeiten, die von zu Hause aus erledigt werden können.

Ein weiterer tragender Grund ist die gleichaltrige Orientierung.

In einer homogenen Gruppe orientieren sich die Kinder an anderen Kindern, was ebenfalls schwierig für die Entwicklung des Sozialverhalten ist. Dies gilt nicht ausschließlich für Kleinkindern, sondern auch für ältere Kinder.

Gordon Neufeld (klinischer Psychologe)warnt in seinem Buch „Unsere Kinder brauchen uns", dass Kinder ihre Werte, Identität und Verhaltensweisen immer mehr von Gleichaltrigen lernen und übernehmen.

Die Orientierung an Gleichaltrigen ist die Bindung zwischen den Kindern.

Der Grund dafür ist, dass die Eltern manchmal für ihre Kinder nicht mehr greifbar sind, obwohl die Bindung an die Eltern die Stärkste sein sollte.
Findet eine frühe Fremdbetreuung statt, ist die Bindung zwischen den Kindern und Eltern nicht mehr groß genug.

Ohne Bindung sind die Kinder orientierungslos und wir Eltern sind reif genug, um den Kindern diese emotionale Stabilität zu geben, die sie brauchen.
Als Folge der frühen Fremdbetreuung, bricht die Bindung zu den Eltern ab und die Kinder orientieren sich an Gleichaltrigen.

Erweckt das Kind den Anschein gut in dem Kindergarten zu Recht zu kommen, heißt es nicht, dass es sich dort wohl fühlt.

Vielmehr arrangiert es sich mit der Situation.

Gesellschaftlich bedingt sollen Kinder immer früher selbstständig werden, wofür sie unreif sind.
Es wird den Kindern viel zu viel auf gebürgt, was sie nicht meistern können und darunter leiden.

Auf der anderen Seite werden Kinder in ihrer Weltentdeckung eingeschränkt und gehemmt. Sätze wie z.B. „Dafür bist du noch zu klein“ ; „Das kannst du noch

nicht" ; „Da darfst du nicht hochklettern, dass ist zu gefährlich".Nichts demotiviert mehr in seinem Entdeckerdrang als diese Sätze.
Trauen wir unseren Kindern einfach diese Selbstkompetenz zu, denn die besitzen sie von Anfang an.

Ich persönlich habe den Vergleich, meine beiden Söhne waren eine Zeit lang im Kindergarten. In verschiedenen Situationen reagierten sie ängstlicher und zurückhaltender als ihre Schwester, die keinen Kindergarten besucht.

Für die Vernetzung mit anderen Kindergartenfreien Familien empfehle ich die Seite kindergartenfrei.org. Über diese Homepage können Familien nach Bundesländern sortiert gesucht werden.

Frustrationstoleranz bei Babys und Kleinkindern

Unter Frustrationstoleranz versteht man die Grenze, wieweit wir fremde und nahe Menschen an uns körperlich heranlassen. Demnach halten wir uns fremde Menschen mehr auf Abstand, als uns nahe stehende Verwandte und Freunde. Überschreitet man diese Grenze, fühlt sich die betreffende Person unwohl oder flüchtet sogar.

Mein Körper gehört mir.

Es gibt unzählige Bücher zum Thema „Dein Körper gehört dir", „Gehe nicht mit Fremden mit" etc. Überlegen wir uns , wie es im Babyalter damit aussieht.

Wie oft werden die Grenzen der Babys überschritten. Da wird in den Kinderwagen gegriffen, die Kinder werden selbst auf den Arm ihrer Eltern angefasst und fangen sie an zu weinen, ist das Kind einfach nur empfindlich. Die Einhaltung der persönlichen Frustrationstoleranz wird ignoriert. Dies gestaltet sich die ersten Lebensjahre und dann kommt es zum Wendepunkt, nämlich dann, wenn den Kindern nun gesagt wird, sie dürfen nicht mit Fremden mitgehen, ihr Körper ist ihre Festung, keiner darf sie gegen ihren Willen anfassen. Solange Kinder sich dagegen nicht verbal zur Wehr setzen können, sind die Eltern das Sprachrohr ihrer Kinder.
Ist es nicht Ironie, Kinder erst dem auszuliefern, um ihnen dann zu erklären, dass sie ihres Körpers Herr sind.

Ich appelliere bei diesem Thema an die Erwachsenen. Geht in euch und überlegt, ob ihr Jedem die Hand gebt, auch wenn ihr diejenige Person nicht mögt, umarmt ihr Jeden und vor allem küsst ihr Personen, denen ihr nicht gut gesonnen seid.

Wer Nein zu Anderen sagt, sagt Ja zu sich selbst.
(M. Rosenberg, Begründer der GFK)

Minimalismus und der Weg in die Natur

Im letzten Teil meines Buches widme ich mich dem Thema Minimalismus.
Minimalismus ist das bewusste verzichten auf Konsum. Dabei geht es nicht darum, unter Zwang zu verzichten, sondern sich darüber Gedanken zu machen, was jeder Einzelne zum leben wirklich braucht.

Mit Kindern ist solch ein bewusster Umgang möglich und lebt ihnen gleichzeitig vor, das Konsum nicht glücklich macht und es auf wichtigere Dinge im Leben ankommt.

Über das Spielzeugfreie Zimmer schrieb ich bereits.

Jeder Mensch besitzt im Laufe seines Lebens mehrere tausend Dinge und vieles landet unbeachtet in Kisten oder im Keller.
Der Wunsch nach Konsum ist stark durch die Gesellschaft und Werbung geprägt.

Sich dem bewusst zu machen, ist der erste Schritt in ein befreiendes Leben.

Es ist wichtig nach dem ausrangieren auch zukünftig sparsamer mit Konsum umzugehen, bzw. ist es sinnvoller gebraucht zu kaufen und somit auch die Umwelt zu schonen.

Der Mensch ist ein Naturwesen und darin liegen seine Wurzeln. Begibt er sich in die Natur, scheinen viele Sorgen nicht mehr so groß und körperliche Beschwerden verbessern sich.

Kinder in freier natürlicher Wildbahn geben sich wie Kinder, sie spielen und toben. Daran können sich die Eltern ein Beispiel nehmen und wie wäre es mit den Kindern durch den Wald zu toben und ins Laub zu springen ? Es bewirkt Wunder.

Quellenangabe

Ein Baby will getragen werden
Dr.Evelin Kirkilionis
Kösel Verlag, 1999

Mein Kind will nicht essen
Dr. Carlos Gonzalez
La Leche Liga, 2010

Schlafen und Wachen
William Sears
La Leche Liga Schweiz, 2010

Kinder verstehen
Herbert Renz-Polster
Kösel Verlag, 2015

Babysignal- Mit dem Händen sprechen
Wiebke Gericke
Kösel Verlag, 2009

aurum-cordis.de

Adolf Portmann physiologische Frühgeburt
wikipedia.org

kindergartenfrei.org

Einmal breifrei, bitte!
Loretta Stern
Kösel Verlag, 2013

Das gewünschteste Wunschkind aller Zeiten treibt mich in den Wahnsinn
Danielle Graf, Beltz , 2016

Das Handbuch für die stillende Mutter
La Leche League Schweiz, 2010